MONSIEUR L'ABBÉ

HAY DE BONTEVILLE

CHANOINE HONORAIRE DE RENNES

MORT À LOUVIGNÉ-DU-DÉSERT

Le 23 Août 1863.

PARIS
J. MERSCH, IMPRIMEUR
22, PLACE DENFERT-ROCHEREAU

1888

M. l'abbé Hay de Bonteville

CHANOINE HONORAIRE DE RENNES

Mort à Louvigné-du-Désert, le 23 août 1863.

I.

Marie-Joachim Hay de Bonteville naquit à Rennes, dans la rue Basse, le 9 floréal, an IX de la République (29 avril 1801), comme en fait foi un acte conservé aux archives municipales de cette ville. Son père s'appelait Marie-Joachim Hay, comte de Bonteville, et sa mère Renée-Marie de Princey.

Il fut baptisé, croyons-nous, à l'église Saint-Léonard de Fougères. C'est du moins ce qui nous a été affirmé de diverses parts. Mais, malgré de nombreuses recherches, nous n'avons pu retrouver l'acte de son baptême à Fougères, non plus que dans les diverses paroisses de Rennes, de Mézières, de Poilley, de Saint-Georges et des autres lieux où demeuraient les membres les plus proches de sa famille.

Ses parents habitaient le château de Bonteville en Poilley. Ils appartenaient à deux des familles les plus anciennes de notre pays. Les Hay de Bonteville descendent en effet des ducs de Bretagne par les seigneurs de la Guerche et de Pouancé. Dès l'an mil, nous voyons Sylvestre de la Guerche nommé évêque de Rennes par acclamation, et depuis cette époque, il n'y a pas de lacune dans l'ordre généalogique de cette noble famille. Les de Princey sont originaires de Normandie. Ils se rattachent également à une souche fort ancienne et qui a eu des ramifications très nombreuses ; de sorte que M. l'abbé de Bonteville comptait dans sa parenté la plupart des familles nobles des environs.

Elevé dans la crainte de Dieu par sa pieuse mère, qu'il perdit à l'âge de sept ou huit ans ; initié dès le berceau aux peines de la vie par la maladie de son père, le jeune Marie-Joachim prit de bonne heure des goûts sérieux. Le monde et ses plaisirs, qu'il connut peu d'ailleurs, n'avaient pour lui aucun charme. Aussi tourna-t-il bientôt ses regards vers le sanctuaire, et, dès l'âge de seize ans, au terme de ses études, qu'il avait faites, du moins en partie, au collège de Fougères, il quitta la maison paternelle pour entrer au grand séminaire de Rennes (octobre 1817).

C'est là qu'il prit l'habit ecclésiastique et reçut la tonsure cléricale, le 13 février de l'année suivante.

Beaucoup plus jeune que les autres séminaristes, et d'une santé plus que délicate, il ne put suivre bien régulièrement le cours des études qui préparent au sacerdoce, et ses supérieurs durent les lui faire interrompre fréquemment, pour l'envoyer au château de la Ville-Olivier en Mézières, chez sa tante, Madame de

Bonteville, qui fut pour lui comme une seconde mère.

Cette excellente dame, aussi pieuse que distinguée, veillait sur le cher abbé comme sur ses propres enfants. Elle exigeait qu'il observât, autant que sa santé le lui permettait, les pratiques et les règlements du séminaire, et elle savait le reprendre avec une douce fermeté quand, à son avis, il se permettait quelque chose qui convenait peu à la dignité cléricale. Du reste, modeste et fervent, le jeune clerc faisait l'édification de la paroisse comme du château, et ses cousins, qui venaient le rejoindre au temps des vacances, et dont il partageait volontiers les délassements et les jeux, avaient pour lui tout le respect dû à un aîné, à un élève du sanctuaire.

Déjà rempli de charité et de zèle, le jeune abbé de Bonteville aimait non seulement à être l'instrument des largesses de sa tante, et à faire lui-même l'aumône aux dépens de ses petites économies ; mais il commença dès lors un apostolat qu'il n'a cessé d'avoir à cœur le reste de ses jours, celui de l'instruction et du soutien des clercs pauvres. Il avait découvert à Mézières deux enfants pieux et intelligents, désireux d'embrasser l'état ecclésiastique, mais appartenant à des familles peu fortunées. Pour éviter l'oisiveté, il employa ses moments libres à leur donner les premières leçons de la langue latine, et plus tard il se chargea presque entièrement des frais de leur éducation. Dieu bénit le zèle du pieux abbé. Ses élèves furent des sujets brillants, et ce qui est mieux encore, ils devinrent de saints prêtres.

Le premier, M. l'abbé Poisson, d'abord vicaire à Sainte-Croix de Vitré, fut choisi en 1839, pour enseigner la philosophie au grand séminaire de Rennes. Quelques années après, le personnel du séminaire ayant été renouvelé, il fut nommé recteur à la Gouesnière, où il mourut encore jeune.

L'autre fut le pieux abbé Hilaire Veyer, qui devint bientôt l'inséparable ami de M. de Bonteville, et que nous retrouverons plusieurs fois dans le cours de cette biographie.

II.

Malgré les interruptions fréquentes de ses études, notre jeune séminariste parcourut tous les traités et arriva au terme de ses examens longtemps avant l'âge requis pour recevoir les saints Ordres. Pour l'occuper en attendant, ses supérieurs lui confièrent le poste de surveillant au collège de Fougères, alors dirigé par M. l'abbé Sourdin l'aîné.

Tout en donnant à ses élèves ses soins les plus assidus, l'abbé de Bonteville profita de quelques moments de loisir pour revoir ses auteurs classiques, et il réussit en peu de temps à prendre le grade de bachelier ès-lettres.

Il remplissait encore cette fonction de maître d'études, lorsqu'il reçut à la fois les ordres mineurs et le sous-diaconat le 30 juin 1824, puis l'ordre de diacre le 26 juin de l'année suivante.

Rentré au séminaire, M. de Bonteville fut promu au sacerdoce le 11 novembre 1825. Nous avons entendu raconter plusieurs fois à ses anciens amis avec quel esprit de foi, quelle ferveur, quelle piété sensible même il montait au saint autel, et comment il apportait une application presque scrupuleuse à s'acquitter de toutes les cérémonies. Mais, prompt dès lors et vif dans ses mouvements, il n'était jamais long en célébrant les divins mystères.

Un mois après son ordination, le jeune prêtre fut nommé vicaire à Laignelet (12 décembre 1825). Il y eut pour recteur M. l'abbé Taillandier, le digne et vénérable fondateur des *Religieuses Adoratrices de la Justice de Dieu*, dont la maison mère est située dans l'ancienne abbaye de Rillé, à Fougères.

Pendant les trois années qu'il passa dans cette paroisse, M. l'abbé de Bonteville y exerça un ministère très actif et très fructueux. De plus, il contribua largement, de ses deniers comme de ses soins, à bâtir le chœur et le bas de l'église.

Là aussi il voulut, comme à Mézières, prendre à sa charge l'éducation d'un enfant qui semblait appelé au sacerdoce. C'était le jeune Duroy, fils d'un pauvre bûcheron de la paroisse. Non content de lui donner les premières leçons de latinité, il lui servit constamment de père, pourvoyant entièrement aux frais de sa pension et de son entretien jusqu'à l'époque de sa prêtrise. M. l'abbé Duroy, ordonné prêtre vers 1839, fit tout son vicariat à Melesse près Rennes. Nommé recteur de Livré en 1860, il y mourut d'une maladie de cœur au bout de cinq ou six années. C'est chez M. de Bonteville que ce bon prêtre ne cessa, jusqu'à sa mort, d'aller passer le temps de ses vacances.

Au mois de juillet 1826, M. l'abbé de Bonteville fut nommé recteur de la paroisse de Combourtillé. Il succédait à M. Bourdelais, frère de l'ancien missionnaire de Rennes. Il y eut pour vicaire, pendant un an seulement, M. l'abbé Leverrier, qui devint plus tard recteur de Saint-Etienne-en-Cogles.

M. l'abbé Veyer, ancien élève de M. de Bonteville, ayant été ordonné prêtre à la Trinité de 1827, celui-ci le demanda et l'obtint pour vicaire ; et dès lors ils vécurent dans la plus grande intimité, faisant ensemble la prière, la méditation, récitant en commun l'office divin, et observant, autant qu'il était possible, le règlement du séminaire.

M. l'abbé de Bonteville établit à Combourtillé la confrérie du Saint-Rosaire, le 30 août 1828, et il enrichit l'église de plusieurs ornements. « Les anciens de la paroisse, nous écrit l'un de ses successeurs, ont conservé le plus fidèle et le plus précieux souvenir de cet excellent prêtre. Ils se rappellent surtout son zèle exceptionnel pour le ministère de la prédication et pour la direction des âmes. »

Le voisinage de l'étang de Châtillon ne tarda pas à nuire à la santé assez délicate du bon recteur, qui se vit bientôt arrêté dans son ministère par des fièvres incessantes, et il fallut songer à un déplacement.

III.

La paroisse de Mellé se trouvant sans pasteur, par

suite du transfert de M. Coltais à la cure de Louvigné-du-Désert, M. de Bonteville y fut nommé recteur après les Pâques de 1831. Il obtint de l'évêché d'y amener avec lui M. l'abbé Veyer, son cher élève et vicaire, qui désormais ne devait plus le quitter qu'à la mort.

S'entendant parfaitement, s'aimant de l'affection la plus tendre, n'ayant qu'un but, s'aider à leur sanctification réciproque et travailler à la sanctification des âmes que Dieu leur confiait, estimés et aimés de tout le monde, ces deux saints prêtres firent beaucoup de bien dans cette excellente paroisse, dont ils étaient à la fois les pasteurs et les modèles.

A leur arrivée, l'église avait grand besoin de réparations. M. l'abbé de Bonteville se mit à l'œuvre, et pendant les dix années qu'il passa à Mellé, il ne cessa de travailler à enrichir et à décorer la maison de Dieu. Il fit construire une tribune au bas de l'église; il entoura les fonts baptismaux d'une grille de fer et y fit placer une piscine en marbre; il acheta des tableaux pour orner le maître-autel et les fonts; il procura à l'église un ostensoir en argent, un calice, des ciboires. Il fit refaire à neuf une partie des boiseries du chœur, puis il les fit peindre et dorer, ainsi que les autels, les fonts, la chaire et les confessionnaux. Il fit placer des bancs dans l'église, et des balustrades en fer devant les trois autels. Il fit parqueter le chœur et construire une partie de la sacristie. Il acheta des chapes de diverses couleurs et un assez grand nombre d'ornements. Il fit fondre quatre belles cloches, et, pour les loger, il fit reconstruire le beffroi et couvrir en ardoises la flèche du clocher. Il fit en outre exécuter des réparations assez considérables au presbytère ; et selon son habitude, il contribua largement de sa bourse à toutes ces dépenses. L'église de Mellé possède aussi une belle relique de la vraie croix richement enchassée ; c'est un don de M. l'abbé de Bonteville.

Comme moyens d'entretenir la piété parmi ses paroissiens, le digne recteur établit dans son église la confrérie du Saint-Sacrement, en vertu d'un bref du 12 janvier 1832 et d'une autorisation épiscopale du 27 janvier de la même année. Il donna aussi une grande impulsion à la confrérie du Rosaire, et obtint, le 19 septembre 1834, un indult de Rome confirmant l'érection qui en avait été faite le 24 septembre 1827, et accordant de nouvelles faveurs.

Le 6 mars 1835, il érigea un chemin de la croix, auquel il adjoignit des tableaux d'une certaine valeur.

Enfin, en 1838, il établit, en vertu d'une ordonnance épiscopale, la confrérie de Notre-Dame du Mont-Carmel, et le quatrième dimanche de chaque mois fut fixé, par Mgr de Lesquen, pour une procession en l'honneur de la sainte Vierge après les vêpres.

Cette même année, il fit régler par son conseil de fabrique que, sur l'argent provenant des quêtes des diverses confréries, tous les ans on célébrerait, à des jours fixés, des services pour les confrères défunts, et des messes pour les membres vivants de ces pieuses associations.

Toutes ces œuvres nous peignent au vif le zèle et la piété du saint prêtre.

A son arrivée à Mellé, M. de Bonteville avait trouvé deux jeunes écoliers déjà ébauchés par le vicaire, qui était un de ses anciens amis et condisciples, M. l'abbé Vannier, mort depuis recteur du Petit-Fougeray. Il fit ce qu'il avait déjà fait pour plusieurs autres, il les prit à sa charge. Il leur donna des leçons, tantôt par lui-même, tantôt par M. Veyer, et au temps des vacances, par M. l'abbé Duroy, son élève de Laignelet, alors étudiant au grand séminaire. En octobre 1834, il les envoya à Saint-Martin dans la classe de cinquième, et il ne cessa de subvenir à tous leurs besoins jusqu'au terme de leurs études.

Le premier était M. l'abbé Pierre Dauguet, mort en 1883 recteur de la Richardais, où il a fait bâtir une belle église. Il a été l'organisateur de cette nouvelle paroisse, qui est un démembrement de Pleurtuit.

Le second est le R. P. Pierre Coyer, qui, à la fin de son cours, entra dans la Congrégation des Eudistes où il a occupé les postes les plus importants. Il est actuellement supérieur du séminaire Scolasticat de la Roche-du-Theil, près Redon.

Nous avons dit que M. de Bonteville menait avec son vicaire une véritable vie de communauté. Ils s'étaient prescrit un règlement journalier qu'ils observaient, selon l'expression du pieux Recteur, avec une ponctualité toute monacale. Après avoir accompli leurs exercices de piété et satisfait aux devoirs de leur ministère, ils employaient le reste du temps à l'étude de la théologie dogmatique et morale, de l'Écriture sainte, du droit canonique, des rubriques, de l'histoire, etc. Grâce à ce travail assidu, non seulement M. l'abbé de Bonteville compléta avantageusement ses études ecclésiastiques, qui avaient laissé quelque peu à désirer à l'époque de son séminaire ; mais il acquit bientôt la réputation méritée d'un des prêtres les plus savants du pays, à tel point qu'il était fréquemment consulté par ses confrères du voisinage.

IV

Ce mérite réel ne tarda pas à percer en haut lieu. Aussi l'Evêque de Rennes voulant récompenser un digne prêtre qu'il avait laissé trop longtemps dans des postes inférieurs à sa condition et à ses talents, le nomma-t-il du premier coup à la cure la plus importante de tout le diocèse, celle de Saint-Servan. Il y succéda à M. l'abbé George, décédé le 8 décembre 1840, et fut installé le 17 février 1841. Ce fut la dernière nomination de Mgr de Lesquen, qui le fit en même temps chanoine honoraire de sa cathédrale.

Par une délicate attention du Prélat, cette nomination était accompagnée de celle de M. l'abbé Veyer en qualité de vicaire. L'Evêque ne voulait pas séparer deux prêtres si étroitement et si pieusement unis. Hâtons-nous de le dire, cette affection réciproque bien connue n'eut jamais rien de blessant pour le nombreux clergé qui vivait au presbytère. M. de

Bonteville sut toujours se montrer très bon pour les huit ou neuf vicaires qui vivaient avec lui. Non seulement l'ordinaire de la table commune était excellent, mais il veillait sur la santé et les besoins de chacun avec les soins et le dévouement d'un père. Aussi la préférence du Curé pour l'un d'eux n'excitait aucune jalousie. Ils taquinaient bien parfois d'une manière aimable celui qu'ils appelaient *le chéri;* mais cette expression était toute bienveillante. M. Veyer était en effet très aimé de ses confrères aussi bien que des fidèles. Son ministère était fort goûté, et sa grande piété faisait l'édification de tous.

Comme à Mellé, M. de Bonteville fit, pendant son séjour à Saint-Servan, de nombreuses réparations à l'église. En 1841 et 1842, il s'occupa de la construction de la tour; puis il fit fondre deux cloches, l'une de quatre mille kilos et l'autre de trois mille, œuvre pour laquelle il donna la somme de trois mille francs. Plus tard il fit décorer l'intérieur de l'église. Enfin, en 1846, il fit placer dans la tribune un orgue de quatorze jeux, sorti des ateliers de Cavaillé-Coll, et qui avait coûté douze mille francs.

Au spirituel, il s'applique à faire briller d'un éclat inconnu jusque là la majesté et la pompe des cérémonies religieuses; il donna une nouvelle impulsion aux diverses confréries et congrégations déjà existantes; il fonda une salle d'asile pour les enfants du peuple; il multiplia les retraites et les prédications pour les marins; il s'occupa activement de l'éducation chrétienne des jeunes mousses. Enfin il encouragea puissamment et soutint de ses conseils comme de sa bourse, les humbles commencement des *Petites Sœurs des Pauvres* dont il peut être à bon droit regardé comme l'un des principaux bienfaiteurs.

M. l'abbé Lepailleur, vicaire de Saint-Servan, avait établi cette belle œuvre dans une pauvre mansarde, en 1840, sous le rectorat de M. l'abbé George, quelques mois seulement avant la nomination de M. de Bonteville. A son arrivée, il lui parla de cette entreprise. Le bon Curé, ravi en songeant au bien qui en résulterait, l'engagea vivement à poursuivre son dessein, et l'assura de sa protection et de son aide. Quatre petites Sœurs et deux pauvres vieilles formaient alors toute la petite famille.

Avant la fin de l'année 1841, M. de Bonteville engageait M. l'abbé Lepailleur à louer un appartement plus vaste, afin d'accroître le personnel et de secourir un plus grand nombre de pauvres. Pour encourager son vicaire et les premières Sœurs, il leur promit que rien ne leur manquerait tant qu'il serait curé de Saint-Servan, et il tint généreusement sa parole.

C'est donc sous son patronage et avec son précieux concours que s'est fondée cette belle œuvre. « Ce digne curé, nous écrit-on de la Tour Saint-Joseph, a vu et encouragé nos premiers pas ; il était fort charitable pour nos petites Sœurs et nos pauvres vieillards ; il se faisait un bonheur de leur envoyer les restes de sa table. En toute circonstance, il s'est montré l'ami de notre père et le bienfaiteur de notre asile de Saint-Servan. Aussi gardons-nous une grande reconnaissance pour le cher défunt, que nous n'oublierons jamais dans nos prières. »

Ajoutons que, plusieurs fois dans la suite, M. de Bonteville est allé visiter, à Saint-Pern, le noviciat de l'Institut, et il n'y allait pas les mains vides. Plus tard, dans sa retraite de Louvigné, lorsque les petites Sœurs des pauvres venaient faire la quête au pays, il ne voulait pas qu'elles descendissent ailleurs que chez lui. C'est de là qu'elles rayonnaient dans tous les environs, et toujours elles étaient sûres de remporter une riche collecte.

C'est aussi sous le rectorat de M. de Bonteville que trois vicaires de Saint-Servan, MM. Rogerie, Diot et Lepailleur partirent pour le diocèse de Meaux, afin d'y fonder une congrégation de Missionnaires, dans le but de convertir le centre de la France. L'entreprise n'ayant pas réussi, ils revinrent en Bretagne, et M. Rogerie fonda à Saint-Brieuc la maison d'éducation de Saint-Charles, plus tard cédée au Dominicains et actuellement dirigée par les Marianites.

Mais arrivons aux deux principaux titres de gloire de M. de Bonteville à Saint-Servan, son zèle et sa charité.

C'est surtout en qualité de confesseur et de directeur des âmes, que le digne curé fit un bien immense au milieu de cette religieuse population. Sa science théologique, son jugement droit, son sens pratique en faisaient un directeur parfait. Bref, mais clair, précis, allant droit au but, il était fort goûté et savait donner d'excellents conseils. Sa clientèle était énorme : il ne comptait pas moins de douze ou quinze cents pénitents. Aussi passait-il chaque jour de longues heures au saint tribunal, sans se rebuter jamais des fatigues de ce laborieux ministère.

Son salon n'était guère moins assiégé que son confessionnal. Fières de leur Curé si distingué, si affable, si bon, les familles notables de Saint-Servan aimaient à le voir et ne faisaient rien d'important sans le lui communiquer et prendre son avis. Les humbles, les petits, les déshérités de la fortune, sûrs d'être également bien accueillis, venaient de leur côté réclamer ses conseils, lui raconter leurs chagrins et épancher leur cœur dans le cœur de celui qu'ils appelaient leur père. L'excellent pasteur profitait de cette confiance universelle pour exercer sur tous une heureuse influence, et pour rapprocher le riche du pauvre par la pratique de l'aumône et des œuvres charitables.

Sous ce rapport, il était d'ailleurs le premier à donner l'exemple, et sa charité était inépuisable. Il ne pouvait se trouver en face de la misère, surtout de la pauvreté ignorée et honteuse, sans que son cœur et ses mains s'ouvrissent immédiatement pour faire des largesses. Il donnait tout, nous a dit bien des fois son vieux et fidèle domestique, et quand il avait vidé sa bourse, il se faisait mendiant ; il allait trouver les riches armateurs de Saint-Servan, les familles Guibert, Bosquet, de Gouyon, Lefer de la

Motte et autres, qui ne savaient rien lui refuser. Mais souvent la misère pressait et il ne pouvait tendre la main ; alors il se dépouillait lui même ; il donnait son linge, ses vêtements, sa vaisselle et jusqu'à ses meubles. Le bon Isidore grondait son maître qui n'avait plus de draps ni de chemises, et demandait de l'argent pour remonter le trousseau. Peine perdue, le trésor était vide et il fallait attendre assez longtemps encore le terme des loyers ou le prix d'une terre nouvellement vendue. Alors le serviteur allait trouver Mme Guibert, lui racontait son embarras, et bientôt la garde-robe se trouvait regarnie comme par miracle.

Plusieurs fois cette excellente dame racheta la montre en or de M. de Bonteville et la lui rendit avec de pieux reproches. Voyant que c'était toujours à recommencer, elle vint un jour le trouver en lui apportant une montre neuve :

« M. le Curé, lui dit-elle, cette montre est à moi, je ne vous la donne pas, je vous la prête seulement. Aussi je tiens absolument à ce qu'elle ne prenne pas le même chemin que les autres. »

Ces traits ne rappellent-ils pas ceux de la vie des saints, et faut-il s'étonner après cela de l'énorme influence qu'exerçait autour de lui ce digne prêtre ?

V

Un vif chagrin vint frapper inopinément M. l'abbé de Bonteville, ce fut la mort du pieux M. Veyer, son vicaire de prédilection. Il fut enlevé presque subitement, pendant l'absence de son cher Curé, dans un accès de goutte remontée.

Très affecté de cette perte, déjà atteint de la maladie de cœur qui devait le conduire au tombeau, se figurant à tort qu'il ne faisait pas le bien à Saint-Servan, l'excellent pasteur envoya sa démission à l'évêché et, sans attendre de réponse, se retira à Louvigné-du-Désert, dans sa propriété de la Gillotière. C'était au mois de juillet 1848.

Mgr Saint-Marc essaya de le faire revenir sur sa détermination ; le clergé et les fidèles de Saint-Servan joignirent leurs supplications à celles de l'Evêque. Le Curé se montra touché de ces démarches, mais n'en demeura pas moins inflexible.

M. de Bonteville fit réparer et meubler son vieux manoir de la Gillotière, il y construisit une petite chapelle, et y demeura pendant quatre ans, avec ses fidèles domestiques, qui l'avaient suivi dans sa retraite.

Il n'y était que depuis sept ou huit mois, lorsqu'il reçut une lettre de M. le comte de Falloux, son parent, alors ministre de l'instruction publique et des cultes, qui lui offrait un des évêchés vacants, et le pressait d'accepter. Il remercia de l'honneur qu'on lui faisait en songeant à lui pour un tel poste, mais répondit catégoriquement qu'ayant renoncé à gouverner une paroisse, il n'accepterait pas le gouvernement beaucoup plus difficile d'un diocèse ; et la chose en resta là pour le moment.

Cependant M. l'abbé Gautier, curé de Saint-

Léonard de Fougères, frappé par la maladie, était hors d'état de continuer son ministère et demandait un successeur. Mgr Saint-Marc, désireux de voir un prêtre du mérite de M. de Bonteville rentrer dans le ministère actif, le supplia avec instance de vouloir bien accepter ce nouveau poste. Celui-ci voyant la volonté de Dieu dans les désirs réitérés de son supérieur, ne crut pas pouvoir refuser. Agréé par le gouvernement, il prit possession trois mois seulement avant la mort de M. Gautier (1852).

Il y avait dix-huit mois que le nouveau curé était à Saint-Léonard, lorsque, en 1854, mourut son saint ami, Mgr Bouvier évêque du Mans. Cette mort soulevait une question déjà plusieurs fois agitée, mais dont jusqu'alors le gouvernement avait écarté la solution : la création à Laval d'un évêché distinct. Le département de la Mayenne, qui le désirait ardemment, fit de nouvelles instances auxquelles on se décida enfin à céder. On se rappella au ministère, que M. de Bonteville avait déjà refusé une première proposition, mais voyant qu'il avait accepté la cure de Fougères, on crut qu'il n'aurait plus les mêmes répugnances. Dans cet espoir, M. Fortoul, alors ministre des cultes, lui fit demander s'il ne lui serait pas agréable d'être nommé à ce nouveau siège, tout voisin de son pays. Il se servit pour cela de l'intermédiaire du P. de Magalon, supérieur des Frères de Saint-Jean de Dieu, à Paris, personnage très influent à l'époque, et qui avait joué un grand rôle dans le monde avant d'être élevé au sacerdoce. L'humble

Curé remercia de nouveau et pria le ministre de vouloir bien jeter les yeux sur d'autres plus capables que lui d'organiser et d'administrer un diocèse. Mgr Wicart, évêque de Fréjus, fut nommé à Laval, et M. de Bonteville bénit la Providence qui le laissait à Fougères.

Notons ici qu'il ne se fit jamais gloire de ces propositions honorables. Nous ne croyons pas même qu'il en ait parlé à d'autres qu'à deux de ses anciens élèves, auxquels il fit promettre de n'en rien dire jusqu'à sa mort.

Pour raconter la vie et les œuvres du digne Curé à Fougères, il faudrait redire presque mot à mot ce que nous avons écrit sur son séjour à Saint-Servan. Il n'y fut pas moins bon, moins dévoué pour ses auxiliaires, et il en reçut les mêmes témoignages de confiance et d'affection. Vrai prêtre du ministère, il apporta la même ardeur à l'évangélisation des fidèles et à la direction des âmes ; il y eut la même réussite et conquit non moins vite l'estime et l'affection de son troupeau.

Il y montra le même zèle pour la beauté du culte divin, pour la richesse et l'ornement de la maison de Dieu. « M. de Bonteville, nous écrit un témoin oculaire, sut imprimer à Saint-Léonard un grand élan pour les cérémonies du culte. Il y apporta sa dignité native et son grand amour pour Notre-Seigneur. Les anciens se souviennent toujours avec bonheur des cérémonies de ce temps-là, de cette pompe religieuse et grandiose tout à la fois, qui élevait l'âme et l'embrasait. Le digne Curé savait inspirer et obtenir : don plus rare qu'on ne le pense ! »

Là enfin, et plus encore qu'à Saint-Servan, parce qu'il y rencontra plus de misère, M. de Bonteville se livra avec ardeur à toutes les œuvres de la charité. Sa générosité était sans bornes. Quand le revenu de sa fortune ne suffisait pas, il entamait le capital, et bien souvent il dut emprunter pour subvenir aux besoins de ses chers pauvres.

Nous ne pouvons nous dispenser de mentionner ici une sainte âme qui avait su gagner toute sa confiance, et qui dans mainte et mainte circonstances se fit l'auxiliaire et l'instrument de ses largesses. C'est la pieuse et vénérable Mlle Vannier. Sœur de deux excellents prêtres qui avaient été les amis et les condisciples de M. de Bonteville, elle en était connue depuis longtemps. Plus âgée que lui d'une vingtaine d'années, elle avait traversé la grande Révolution dans des circonstances qui trempèrent fortement son âme. En 1793, ses parents furent jetés en prison en qualités de royalistes. Bien qu'elle n'eût alors que douze ou treize ans, elle prit elle-même le gouvernement de la maison paternelle, et dirigea l'imprimerie et la librairie avec une autorité et une énergie inconnue à cet âge. Aussi, quand après les mauvais jours, les chers prisonniers furent mis en liberté, ils purent constater avec non moins d'étonnement que de joie, qu'en leur absence tout avait marché avec un ordre parfait.

M. de Bonteville fut heureux de retrouver cette

vieille amie qui, parfois un peu brusque, mais droite, franche, pleine de sens, toute dévouée à *son bon Curé*, comme elle l'appelait, se permettait de lui donner encore des conseils, et même de lui adresser d'aimables reproches, comme autrefois lorsque, jeune ordinand, il venait voir ses frères les abbés à la maison. Mlle Vannier possédait une assez belle fortune. Quand M. de Bonteville avait épuisé ses ressources, il s'adressait à elle pour ses bonnes œuvres, et souvent elle lui prêtait sans réclamer ni intérêts ni capital.

C'est avec son concours qu'il établit à Fougères une maison de charité, confiée aux sœurs de Saint-Vincent de Paul, pour la visite des pauvres et des malades (7 juin 1853). Après avoir logé pendant quelque temps les religieuses dans sa propre maison, Mlle Vannier paya le local de la rue Riboisière où elles s'installèrent définitivement, et M. de Bonteville pourvut à leur substance tout le temps qu'il fut curé de Saint-Léonard. Plus tard, ne voulant pas laisser la charge de cette maison à ses successeurs, il s'efforça de leur assurer une dotation suffisante. Dans ce but il engagea d'abord Mlle Lemercier à leur confier l'ouvroir des Saints-Anges qu'elle avait fondé précédemment à son instigation. Quelques années après, il leur laissa par testament la terre *du Domaine* en la Bazouge, qu'il avait achetée à cette intention, des propres deniers de Mlle Vannier, ou du moins des sommes qu'elle lui avait prêtées pour ses œuvres et dont il lui était redevable.

C'est lui aussi qui fit appeler les sœurs de la Charité d'Evron *à la Retraite*, non seulement pour succéder aux pieuses demoiselles qui avaient jusque-là dirigé cette maison, mais aussi pour y installer un *Refuge*, œuvre bien nécessaire à Fougères, et dont Mlle Sophie Richard voulait faire la dotation. Après son départ, les religieuses qui n'étaient pas habituées à ce genre d'œuvre, obtinrent du curé que les repenties fussent remplacées par de jeunes orphelines.

VI

Cependant la maladie de cœur de M. de Bonteville s'accentuait de plus en plus ; ses souffrances le rendaient inquiet et parfois un peu sombre ; quelques difficultés dont nous n'avons pu découvrir la nature ni les causes, lui firent croire, sans fondement encore, qu'il n'était pas aimé. Le matin du jour de Noël 1857, il envoya sa démission à l'Evêque de Rennes, et après le dîner, il prit la route de Louvigné, sans rien dire à personne.

Le lendemain une députation de ses amis se rend à la Gillotière où l'on espérait rencontrer le fugitif. On l'y trouve en effet et on essaie de le ramener. Peine inutile. « On l'a voulu, dit-il, n'insistez pas, et parlons d'autre chose. » Il fit dîner ses hôtes, se montra gai avec eux. Mais ils durent reprendre seuls le chemin de Fougères.

C'est à Louvigné que M. de Bonteville restera désormais jusqu'à sa mort. Il y possédait la plupart de ses propriétés : la *Gillotière*, la *Vadière*, la *Ge-*

lousière, le *Val-de-Glaine*, la *Guinchère-Davy*, et l'*Evelinais;* une seule, la *Garenne*, se trouvait en la Bazouge.

Comme lors de sa première retraite, il habita son vieux manoir de la Gillotière. Sa chapelle se trouvant à plus d'une lieue de toute église, il rendait un service réel à tout le voisinage. Le dimanche, il avait à sa messe une assistance de plusieurs centaines de personnes auxquelles il faisait pendant vingt minutes une instruction familière sur les vérités de la religion. Il y confessait aussi un assez grand nombre de pénitents, surtout à l'approche des fêtes.

Outre cela, chaque dimanche, après sa messe, il se rendait à l'église de Louvigné, il y confessait, assistait à tous les offices, prêchait à son tour, et rendait avec bonheur tous les services qui étaient en son pouvoir. Il dirigeait aussi la Congrégation de la Sainte-Vierge, dans laquelle il sut entretenir le bon esprit et la ferveur, par sa fermeté à faire observer les règlements et par ses instructions éminemment pratiques.

Ces travaux ne suffisant pas à son zèle, il aimait encore à se faire missionnaire, et il prêcha, non seulement dans le diocèse, mais aussi en Normandie et dans la Mayenne, un grand nombre de Quarante-Heures, de Missions et de Retraites.

Pour charmer sa solitude, il se faisait un bonheur d'exercer l'hospitalité en réunissant ses confrères. Un jour de chaque semaine, sa table était ouverte à tous les prêtres des environs. Il n'invitait personne en particulier, mais on était sûr d'être bien reçu et de lui faire plaisir. Placé aux confins de la Bretagne, du Maine et de la Normandie, il aimait à recevoir à la fois le clergé des trois provinces, et à faire *fraterniser*, comme il le disait, les Manceaux, les Normands et les Bretons. Rien de plus gai que ces réunions. M. de Bonteville s'abandonnait alors à son aimable entrain, à sa verve impétueuse, et il faisait, avec une bonne grâce de parfait gentilhomme, les honneurs de sa table où il savait unir l'abondance et la simplicité.

En dehors de ces réunions, il était toujours prêt à recevoir les ecclésiastiques nombreux qui venaient se confesser à lui ou réclamer ses conseils, et alors ils partagaient son dîner un peu plus frugal, mais toujours suffisant.

Malgré ces distractions, l'isolement pesait à M. de Bonteville, et il n'eût pu supporter cette vie de cénobite, si opposée à sa nature ardente et à ses habitudes d'activité, sans son amour du travail et de la règle. Sa vie était réglée, selon son expression, *comme un papier de musique*, et tout le temps qu'il ne donnait pas aux exercices de piété, il l'employait à l'étude. « Ma bibliothèque n'est pas une bibliothèque de parade, nous disait-il un jour ; j'en ai lu tous les volumes, et il y en a que j'ai lu plus de vingt fois. »

Tous les jours il consacrait quelques heures à l'étude de la théologie. Abonné à un certain nombre d'excellentes revues, il se tenait au courant de toutes les questions qui, de près ou de loin, se rattachent aux sciences sacrées. On l'avait nommé président des Conférences ecclésiastiques du canton. Il se préparait avec soin aux réunions et se mettait à même de rectifier les inexactitudes qui pouvaient se glisser dans les travaux des conférenciers; ce qu'il faisait toujours néanmoins avec beaucoup de tact et de bienveillance. Quoiqu'il n'y fût pas obligé, il faisait lui-même à son tour des travaux écrits; souvent même il remplaçait les confrères qui, pour un motif ou un autre, ne pouvaient pas rédiger leurs conférences. Or ces compositions courtes, nettes, précises, étaient toujours remarquées à l'évêché, et plusieurs fois il en a reçu des félicitations bien méritées.

Il n'apportait pas moins de soin à la préparation de ses prédications. Il avait pour principe qu'un sermon vaut ce qu'il coûte. Aussi quand il devait prêcher à la paroisse, il s'en occupait une grande partie de la semaine précédente. Nous l'avons vu mainte et mainte fois se tracer un plan, écrire un brouillon qu'il relisait et raturait, puis finalement le mettre au net et l'apprendre à peu près mot à mot. Ces discours étaient clairs, pleins de doctrine et fort bien écrits. Il les débitait un peu trop lentement peut-être, et souvent ils étaient trop élevés pour un auditoire de campagne. On le goûtait beaucoup plus dans ses catéchismes de la Gillotière, dans les allocutions qu'il faisait à la Congrégation, ou quand il prêchait une retraite. Pleines de verve et de naturel, ces causeries familières étaient parfaites.

M. de Bonteville trouvait encore une diversion à

ses ennuis dans l'exercice de la charité; et, à la Gillotière, comme partout ailleurs, il la pratiqua avec une générosité remarquable.

Il était encore à Fougères, lorsque M. l'abbé Lepannetier, vicaire de Louvigné, commença les études d'un jeune homme dont les parents étaient sans ressources. A la rentrée de 1857, il le plaça en quatrième à l'institution Saint-Martin, comptant sur la Providence pour lui venir en aide. Trois mois plus tard, M. de Bonteville arrivait à Louvigné.

« Mon bon Curé, lui dit M. Lepannetier; j'ai commis une imprudence, c'est sur vous que je compte pour la réparer. Il faudra que vous preniez la charge de mon élève, que vous payiez sa pension, que vous l'habilliez, que vous lui donniez le vivre et le couvert pendant ses vacances, et cela jusqu'à ce qu'il arrive au sacerdoce. »

M. de Bonteville n'avait jamais vu ce jeune homme; malgré cela il n'hésita pas à s'en charger complètement. Il lui fit préparer une chambre à la Gillotière. Aux vacances suivantes, il alla le chercher lui-même à Fougères, le reçut avec une touchante bonté et ne cessa de lui témoigner dans la suite une affection toute paternelle. Il entretint dès lors avec lui une correspondance de tous les quinze jours, où il lui donnait les plus sages conseils; il pourvut comme une mère à tous ses besoins, et craignant d'être surpris par la mort, il lui laissa dans son testament une rente suffisante pour qu'il pût vivre et continuer ses études jusqu'au jour où il monterait au saint autel.

Cet élève, qui n'est autre que l'auteur de ces lignes, est heureux de pouvoir rendre ici un témoignage public d'affection et de filiale gratitude à celui auquel, après Dieu, il doit le plus grand bonheur de sa vie, et pour lequel il gardera toujours les sentiments de la plus tendre reconnaissance.

La charité de M. de Bonteville débordait spontanément de son grand cœur. Un jour qu'il était allé voir un de ses élèves, le R. P. Coyer, préfet des études à Redon, on l'invita à présider une fête de la conférence de Saint-Vincent de Paul, récemment établie au Collège. Il fut si touché de voir le zèle de ces jeunes gens à visiter et secourir les pauvres, qu'il voulut venir à leur aide, et leur constitua à cet effet une rente perpétuelle de 80 francs. C'était, croyons-nous, lors de sa première retraite à Louvigné. A sa mort, par une disposition testamentaire, cette rente fut élevée à 180 francs. En reconnaissance de ce don, les jeunes conférenciers récitent à toutes leurs réunions un *De Profundis* pour leur généreux bienfaiteur.

Chaque jour de nombreux pauvres venaient frapper à la porte de la Gillotière, et ils étaient toujours bien accueillis. Quand les domestiques n'étaient pas là, et que, regardant par sa fenêtre, il apercevait un mendiant, il ne manquait jamais de descendre, alors même qu'il avait beaucoup de peine à marcher; et les pauvres s'en retournaient heureux en redisant le vieux proverbe :

Il vaut mieux s'adresser au roi qu'à ses ministres.

Il ne venait jamais passer la journée du dimanche au bourg de Louvigné sans y faire une distribution ou *donnée de pain*, et il en faisait une autre chaque jeudi à la Gillotière.

Mais nous chercherions en vain à énumérer tous les actes de sa bienfaisance. Il voulait, selon le précepte de l'Evangile, que sa main gauche ignorât les dons de la droite. Aussi Dieu seul connaît ses générosités secrètes. Un jour, il lui arriva de nous dire que sa fortune était réduite de moitié ; que de 20,000 francs de revenu qu'il possédait à sa majorité, il ne lui en restait plus que dix mille. Nous n'eûmes pas de peine à tirer la conséquence et à conclure que l'autre moitié avait été dépensée en bonnes œuvres. C'est du reste ce que nous affirmèrent plus tard divers membres de sa famille.

Nous savons aussi qu'il contribua largement aux deux grandes réparations de l'église de Louvigné, qui eurent lieu précisément aux deux époques où il habitait la Gillotière : l'agrandissement du chœur en 1852, et l'exhaussement de la nef en 1858-59. C'est à lui spécialement que l'on doit la belle rosace du fond qui porte ses armes. Il donna de plus, en 1860, le premier orgue à tuyaux de six jeux, sorti des ateliers de Merklin, et, sinon en totalité, du moins en grande partie le maître-autel en marbre blanc, qu'il commanda lui-même à Paris. Mais il ne voulut pas que l'on fît mention de ces dons dans les livres de la fabrique.

Il fut enfin, nous a-t-on dit, le grand secours de

M. l'abbé Lepannetier dans la fondation de l'hôpital de Villeneuve ; mais là encore tout fut donné de main à main, et le souvenir en est déjà effacé.

Il avait en vue d'autres dons considérables ; car peu de temps avant de mourir, il nous dit qu'il craignait de n'avoir pas le temps de terminer certaines dispositions testamentaires. Il avait en effet recopié son testament, en y supprimant une de ses terres, précédemment destinée à son principal héritier, celle de l'Evelinais. Voulait-il la donner à M. l'abbé Lepannetier pour fonder le nouvel hospice? La destinait-il à l'établissement d'une école de Frères, chose qu'il avait également à cœur? Nous n'avons pu le savoir. Ce qu'il y a de certain c'est qu'il songeait à une bonne œuvre, et Dieu lui aura tenu compte de ses généreuses intentions. Il attendait sans doute une occasion de donner sans bruit comme il aimait à le faire. Il avait une telle horreur de l'ostentation et du pharisaïsme, qu'il a laissé à peine deux ou trois fondations écrites. Encore les a-t-il faites de telles sorte qu'elles paraîtront mesquines à ceux qui ne connurent pas sa grande générosité.

La piété de M. de Bonteville égalait sa charité. On peut dire qu'il vivait de la foi, et qu'il aimait Dieu de tout son cœur. Le glorifier, faire régner Jésus-Christ dans les âmes était sa grande ambition et le but unique de toutes ses entreprises.

Plaçant toujours au premier rang le service de Dieu, il apportait une exactitude vraiment édifiante à tous ses exercices de piété. Chaque matin il consacrait une demi-heure à la méditation ; jamais il n'omettait de faire au moins un quart-d'heure d'action de grâces après la sainte messe. Tous les jours il faisait une lecture d'Ecriture sainte, une lecture de piété, un quart-d'heure d'examen particulier et une visite au Saint-Sacrement ; et le soir, avant de rentrer dans sa chambre, il récitait le chapelet et la prière en commun avec tout le monde de sa maison, y compris ses domestiques.

Il avait aussi un amour incomparable pour la sainte Eglise. Continuellement il priait pour elle et pour son Chef; il recommandait la même pratique à ceux qu'il dirigeait; il se tenait au courant de tous les événements qui concernaient cette divine Epouse de Jésus-Christ, et rien ne le touchait autant que ses joies ou ses tristesses. Que de fois nous l'avons entendu s'élever avec indignation contre les persécuteurs qui voulaient déchirer le sein de cette mère bien-aimée!

En 1860, de douloureux pressentiments attristèrent l'âme des catholiques. La guerre d'Italie qui venait de finir avait révélé aux moins clairvoyants le projet bien arrêté de dépouiller le Pape de sa puissance séculaire, et le péril devenait chaque jour plus imminent. M. l'abbé de Bonteville sentit le besoin de consoler le Père des fidèles ;, et dès le mois de janvier 1861, quoique déjà bien souffrant, il prit le chemin de Rome et alla déposer aux pieds du Souverain Pontife l'hommage de son dévouement filial, avec une généreuse offrande pour l'entretien de cette noble armée de zouaves qui avait tout sacrifié afin de défendre le Pape.

Toujours aussi, M. de Bonteville se montra le partisan et le fidèle champion des doctrines romaines. En 1830-1835, à l'époque où les systèmes de Lamennais faisaient grand bruit et divisaient le clergé du diocèse, il fut l'ardent adversaire des idées nouvelles. « Tout jeune encore, nous écrivait l'un de ses élèves, j'ai été, à ce sujet, témoin de discussions très chaudes, dont je n'ai compris que plus tard l'objet et l'importance. »

Il ne partagea non plus jamais les opinions gallicanes; et, l'une des dernières années de sa vie, l'ancien professeur de morale du grand séminaire de Rennes, M. Girard, devenu aumônier de l'hôpital de Vitré, lui proposa de prendre part à une protestation du clergé contre les idées romaines qu'il avait toujours combattues, surtout les idées de saint Liguori. Il répondit à M. Girard, qu'il respectait comme son ancien professeur, par un refus très accentué, et le projet des vieux tenants du gallicanisme en resta là.

Quoique élevé à cette école, M. de Bonteville avait su, par son bon sens et une certaine intuition, démêler les vraies doctrines des deux excès qui se trouvaient alors en présence : le gallicanisme avec la morale sévère du P. Antoine d'un côté, et les idées Ménaisiennes de l'autre.

— Pour terminer ce portrait, que nous ne croyons pas avoir flatté, devons-nous y ajouter quelques ombres légères? Au premier abord, M. de Bonteville paraissait un peu sec, un peu brusque ; mais à peine l'avait-on fréquenté quelque temps qu'on reconnaissait en lui l'homme le plus droit, le plus franc, le plus généreux, le plus aimable.

Il s'enveloppait quelquefois d'une apparence de mystère qui au fond n'avait rien de bien réel. Très soumis pour ce qui regardait la foi et la discipline ecclésiastique, il semblait affecter, dans sa conduite particulière, une certaine indépendance d'idées et d'actions. Mais, en réalité, il avait besoin d'affections intimes et subissait facilement l'influence de ceux qui, sans chercher à le dominer, savaient gagner son cœur et lui suggérer adroitement un bon conseil.

Au demeurant, M. de Bonteville fut, dans toute la force du terme, un prêtre selon le cœur de Dieu. Sans faste et sans bruit, il a toujours fait beaucoup de bien. Peu d'ecclésiastiques ont été plus estimés et plus aimés du clergé de son temps. Partout où il a passé, il a également conquis l'affection et l'estime de ses paroissiens, et il a laissé après lui les regrets les plus sincères et les plus unanimes.

VII

Depuis son départ de Fougères, M. l'abbé de Bonteville n'avait cessé d'être souffrant. Atteint d'une grave hypertrophie du cœur, il se plaignait fréquemment de vives douleurs au côté, et il avait beaucoup de peine à marcher à cause de l'enflure de ses jambes. Bientôt il s'y forma des plaies qui le soulagèrent un peu, mais en l'affaiblissant de plus en plus.

Aux vacances de 1863, nous le trouvâmes beaucoup plus affaissé que de coutume. La maladie de cœur avait fait des progrès effrayants; le bon père passait des nuits affreuses, et tout le monde se demandait avec auxiété si un fatal dénouement n'était pas prochainement à craindre.

Du reste, le cher malade ne se faisait nullement illusion sur son état; il se savait menacé de mort subite : aussi se tenait-il prêt à tout événement, et cent fois le jour, il faisait à Dieu, dans les termes les plus touchants, le sacrifice de sa vie. Il priait beaucoup saint André Avellin, pour lequel il avait une grande dévotion, parce qu'il était mort en célébrant la sainte messe. Il désirait obtenir une grâce pareille, et pouvoir, comme lui, offrir le saint sacrifice jusqu'au dernier jour. Sa prière fut exaucée.

Depuis quelque temps, il se trainaît plutôt qu'il n'allait à l'autel. Le matin du 23 août, après une nuit horrible de souffrances, il voulut dire la sainte messe comme de coutume. Nous étions alors clerc minoré et nous avions l'habitude de la lui répondre tout le temps des vacances. Quand il se rendit au missel pour l'*Introït*, ses yeux ne distinguaient plus les lettres, et il nous pria de monter afin de lire les paroles qu'il répétait après nous.

Il acheva le saint sacrifice avec beaucoup de peine, et voulut faire son action de grâces, pendant qu'un autre de ses élèves, le R. P. Coyer commençait lui-même la sainte messe. Au bout d'un quart d'heure, il se rendit au salon et s'entretint avec nous, en attendant que le P. Coyer vint nous rejoindre pour le déjeûner. Nous fîmes la remarque qu'il était plus affectueux, plus gai que de coutume.

Tout à coup il se lève : — « Mon ami, je vais mourir! » nous dit-il d'un air effrayé ; et il s'appuie fortement sur nous. Tout en le soutenant, nous appelons le R. P. Coyer qui venait de terminer la messe. Il accourt, donne l'absolution au cher moribond, va rapidement à la sacristie pour y prendre l'huile des sacrements, revient en toute hâte, fait deux des onctions saintes. Il n'a pas le temps d'achever. Notre père bien aimé n'était plus; il avait rendu le dernier soupir entre les bras de ses deux chers élèves...

Le surlendemain, une quarantaine de prêtres accompagnaient le convoi du vénéré défunt, et toutes les familles de Louvigné étaient représentées à ses funérailles. L'église était remplie comme au jour de Pâques. Toute la paroisse avait voulu, par cet empressement, rendre un solennel témoignage de son estime, de sa vénération, de sa reconnaissance envers ce saint prêtre, dont la vie tout entière s'était consumée pour la gloire de Dieu et le bien des âmes.

Pour accomplir ses dernières volontés, M. l'abbé de Bonteville avait choisi M. Lepannetier, vicaire de Louvigné, en qualité d'exécuteur testamentaire. Il lui donnait son mobilier et le chargeait de veiller a l'accomplissement d'un certain nombre de legs charitables. En souvenir des soins affectueux qu'il avait reçus à la Ville-Olivier, où il avait trouvé une seconde famille, il laissait la majeure partie de sa fortune à son cousin germain, M. le comte de Bonteville, qu'il aimait comme un frère. M. de la Villeléon, excellent chrétien dont il avait fait le mariage avec l'une de ses petites nièces, hérita de la ferme et du manoir de la Gillotière, avec mission d'y entretenir la chapelle et d'y faire célébrer chaque année quelques messes pour le salut de son âme. La propriété de l'Evelinais, dont le testament ne faisait nulle mention, fut forcément partagée entre tous les héritiers naturels.

Un superbe tombeau, surmonté d'une belle colonne en granit, repose au cimetière de Louvigné, sur les restes vénérés de Messire Marie Joachim Hay, comte de Bonteville, chanoine honoraire de Rennes, et perpétuera à jamais son précieux souvenir dans cette pieuse paroisse, dont il fit l'édification et dont il restera la gloire.

J[h] DAUPHIN,
Prêtre Eudiste

10 Mars 1888.

Paris. - J. Mersch, imp. 22, Pl. Denfert-Rochereau.

www.ingramcontent.com/pod-product-compliance
Ingram Content Group UK Ltd.
Pitfield, Milton Keynes, MK11 3LW, UK
UKHW021533260726
13993UKWH00004B/1968